Histoires Bilingues pour le Coucher : Aventures en Anglais et en Français

Artici Kids

Published by Artici Kids, 2024.

HISTOIRES BILINGUES POUR LE COUCHER : AVENTURES EN ANGLAIS ET EN FRANÇAIS

First edition. June 24, 2024.

ISBN: 979-8227190796

Written by Artici Kids.

Table of Contents

Captain Barnacle and the Treasure of Tiddly Cove

In the bustling port town of Shipwreck Bay, tales of the daring pirate, Captain Barnacle, were whispered in awe. Captain Barnacle, with his grand, feathered hat and a coat that shimmered with every color of the rainbow, was a legend. His crew, a ragtag bunch of misfits, adored him. They were the bravest, the most loyal, and, without a doubt, the funniest pirates to ever sail the Seven Seas.

One sunny morning, Captain Barnacle awoke with a sparkle in his eye. "Arr, me hearties!" he bellowed, "Today's the day we find the Treasure of Tiddly Cove!"

The crew gasped. Tiddly Cove was rumored to be haunted by the ghost of the grumpy old pirate, One-Eyed Willy. But Captain Barnacle wasn't afraid of any ghost, especially not a grumpy one.

First Mate Squawk, the parrot with a penchant for biscuits, perched on Captain Barnacle's shoulder. "Pieces of eight! Pieces of eight!" Squawk screeched, causing the crew to burst into giggles. Squawk always had a way of lightening the mood.

They set sail on the SS Barnacle, their trusty ship. The wind was in their favor, and the sea sparkled like a treasure chest full of jewels. Along the way, they sang sea shanties, played pranks on each other, and told tall tales.

After days at sea, they finally reached Tiddly Cove. The crew's excitement turned into nervous laughter as a thick fog rolled in. But Captain Barnacle, with a grin as wide as the ocean, led them bravely forward.

"Right, me lads and lasses, let's find that treasure!" he declared.

They followed an ancient map that led them through twisting paths and hidden caves. At last, they stood before a grand chest, glistening with promise.

"Open it, Captain!" squealed Tiny Tim, the smallest pirate with the biggest heart.

Captain Barnacle, with a flourish, opened the chest. But instead of gold and jewels, it was filled with... socks. Yes, socks of every shape, size, and color.

The crew stared in disbelief, and then Tiny Tim burst out laughing. Soon, they were all laughing so hard they could barely stand.

"What a fine treasure!" Captain Barnacle chuckled. "The treasure of laughter and friendship is worth more than gold."

Just then, a ghostly figure appeared. It was One-Eyed Willy, but he wasn't grumpy at all. He was laughing along with them.

"You've found my greatest treasure," Willy said. "Laughter and friendship are the true riches of the world. You're welcome to share my socks and my joy."

The crew celebrated with a grand feast on the beach, wearing their new socks and making new friends. They sang and danced until the stars twinkled above.

From that day on, Captain Barnacle and his crew became known not just for their bravery and mischief, but for their laughter and the joy they brought wherever they sailed. And as for One-Eyed Willy, he became the friendliest ghost of the Seven Seas, always ready with a joke and a pair of colorful socks.

And so, the legend of Captain Barnacle and the Treasure of Tiddly Cove grew, reminding everyone that the greatest treasures in life are the friends we make and the laughter we share.

Le Capitaine Bernacle et le Trésor de l'Anse Tiddly

Dans le port animé de Baie Épave, les récits du pirate audacieux, le Capitaine Bernacle, se murmuraient avec admiration. Le Capitaine Bernacle, avec son grand chapeau à plumes et un manteau qui scintillait de toutes les couleurs de l'arc-en-ciel, était une légende. Son équipage, une bande de marginaux, l'adorait. Ils étaient les plus courageux, les plus loyaux et, sans aucun doute, les pirates les plus drôles à avoir jamais navigué sur les Sept Mers.

Un matin ensoleillé, le Capitaine Bernacle se réveilla avec une étincelle dans les yeux. "Arr, mes amis !" cria-t-il, "Aujourd'hui est le jour où nous trouvons le Trésor de l'Anse Tiddly !"

L'équipage émit un soupir de surprise. L'Anse Tiddly était censée être hantée par le fantôme du vieux pirate grincheux, Willy l'Œil Unique. Mais le Capitaine Bernacle n'avait peur d'aucun fantôme, surtout pas d'un grincheux.

Le Premier Maître Squawk, le perroquet avec un penchant pour les biscuits, perché sur l'épaule du Capitaine Bernacle. "Des pièces de huit ! Des pièces de huit !" cria Squawk, faisant éclater de rire l'équipage. Squawk avait toujours le don de détendre l'atmosphère.

Ils mirent les voiles sur le SS Bernacle, leur fidèle navire. Le vent était en leur faveur, et la mer scintillait comme un coffre à trésors rempli de bijoux. En chemin, ils chantaient des chansons de marin, se faisaient des farces et racontaient des histoires incroyables.

Après des jours en mer, ils atteignirent enfin l'Anse Tiddly. L'excitation de l'équipage se transforma en rires nerveux à mesure qu'un épais brouillard s'installait. Mais le Capitaine Bernacle, avec un sourire aussi large que l'océan, les mena bravement en avant.

"D'accord, mes gars et mes filles, trouvons ce trésor !" déclara-t-il.

Ils suivirent une vieille carte qui les mena à travers des chemins sinueux et des grottes cachées. Enfin, ils se trouvèrent devant un grand coffre, scintillant de promesses.

"Ouvre-le, Capitaine !" cria Tim le Minuscule, le plus petit pirate au plus grand cœur.

Le Capitaine Bernacle, avec un geste théâtral, ouvrit le coffre. Mais au lieu d'or et de bijoux, il était rempli de... chaussettes. Oui, des chaussettes de toutes les formes, tailles et couleurs.

L'équipage regarda incrédule, puis Tim le Minuscule éclata de rire. Bientôt, ils riaient tous tellement qu'ils pouvaient à peine se tenir debout.

"Quel beau trésor !" riait le Capitaine Bernacle. "Le trésor du rire et de l'amitié vaut plus que l'or."

À ce moment-là, une silhouette fantomatique apparut. C'était Willy l'Œil Unique, mais il n'était pas du tout grincheux. Il riait avec eux.

"Vous avez trouvé mon plus grand trésor," dit Willy. "Le rire et l'amitié sont les vraies richesses du monde. Vous êtes les bienvenus à partager mes chaussettes et ma joie."

L'équipage célébra avec un grand festin sur la plage, portant leurs nouvelles chaussettes et se faisant de nouveaux amis. Ils chantèrent et dansèrent jusqu'à ce que les étoiles scintillent au-dessus.

À partir de ce jour, le Capitaine Bernacle et son équipage devinrent connus non seulement pour leur bravoure et leurs bêtises, mais aussi pour leurs rires et la joie qu'ils apportaient partout où ils naviguaient. Quant à Willy l'Œil Unique, il devint le fantôme le plus amical des Sept Mers, toujours prêt avec une blague et une paire de chaussettes colorées.

Et ainsi, la légende du Capitaine Bernacle et du Trésor de l'Anse Tiddly grandit, rappelant à tous que les plus grands trésors de la vie sont les amis que nous nous faisons et les rires que nous partageons.

Wendy the Wonderful Whale and the Great Ocean Adventure

In the deep blue waters of the Oceanic Kingdom, there lived a remarkable whale named Wendy. Wendy wasn't just any whale; she was the most wonderful, adventurous, and kind-hearted whale to ever swim the seven seas. With her shimmering, sapphire-blue skin and a smile that could brighten even the darkest depths, Wendy was loved by all the sea creatures.

One sunny morning, as the golden rays of the sun danced on the ocean's surface, Wendy decided it was the perfect day for an adventure. She gathered her friends, a motley crew of sea creatures, each more unique than the last. There was Sammy the Squid, with his eight wiggly arms and a knack for solving puzzles; Lola the Lobster, who loved to dance and had the quickest claws in the ocean; and Bubbles the Blowfish, who was always full of laughs and could puff up to twice his size when surprised.

"Today," Wendy announced with a twinkle in her eye, "we are going to find the lost city of Coralopolis!"

The friends gasped in excitement. Coralopolis was a legendary city, said to be made entirely of the most beautiful coral, and filled with treasures and secrets.

They set off, Wendy leading the way with her powerful tail propelling her through the water. As they swam deeper into the ocean, they encountered all sorts of wonders. They played hide and seek in a forest of giant kelp, danced with a school of shimmering fish, and even helped a family of sea turtles find their way back to their nesting ground.

After hours of swimming and playing, they reached the outskirts of Coralopolis. The city was even more magnificent than they had imagined. The coral buildings glowed in vibrant shades of pink, orange, and purple, and sea anemones swayed gently in the currents like underwater gardens.

As they explored the city, they stumbled upon a grand palace made entirely of sparkling, blue coral. In the center of the palace, they found a throne room with a giant shell throne. Sitting on the throne was an ancient, wise old octopus named Professor Inky.

"Welcome, travelers," Professor Inky said with a warm smile. "You have found the lost city of Coralopolis. What brings you here?"

"We're on an adventure!" Wendy exclaimed. "We wanted to find the treasures and secrets of Coralopolis."

Professor Inky chuckled. "The greatest treasures of Coralopolis are not gold or jewels, but the knowledge and wisdom of the ocean. Let me show you."

He led them to the grand library of Coralopolis, a vast underwater cavern filled with ancient scrolls and books made of seaweed and shells. There, they learned about the history of the ocean, the different creatures that lived there, and the importance of taking care of their underwater home.

Wendy and her friends were fascinated. They spent hours reading and learning, and Professor Inky shared stories of his own adventures.

As the sun began to set, casting a golden glow over the ocean, Wendy and her friends knew it was time to head back home. They thanked Professor Inky for his kindness and wisdom.

"Remember," Professor Inky said as they swam away, "the greatest treasure is the knowledge you carry with you and the friends you make along the way."

Wendy and her friends swam back to the Oceanic Kingdom, their hearts full of joy and their minds buzzing with new knowledge. They couldn't wait to share their adventure with their friends and family.

From that day on, Wendy the Wonderful Whale and her friends were known not just for their adventurous spirits, but also for their love of learning and their kindness towards all sea creatures. And so, the legend of Wendy and the Great Ocean Adventure spread throughout the seven seas, inspiring others to explore, learn, and cherish the world around them.

Wendy la Baleine Merveilleuse et la Grande Aventure Océanique

Dans les eaux bleu profond du Royaume Océanique, vivait une baleine remarquable nommée Wendy. Wendy n'était pas une baleine ordinaire; elle était la plus merveilleuse, aventureuse et bienveillante baleine à avoir jamais nagé dans les sept mers. Avec sa peau scintillante bleu saphir et un sourire qui pouvait illuminer même les profondeurs les plus sombres, Wendy était aimée de toutes les créatures marines.

Un matin ensoleillé, alors que les rayons dorés du soleil dansaient à la surface de l'océan, Wendy décida que c'était le jour parfait pour une aventure. Elle rassembla ses amis, une bande hétéroclite de créatures marines, chacune plus unique que l'autre. Il y avait Sammy le Calmar, avec ses huit bras ondulants et un talent pour résoudre les énigmes; Lola la Langouste, qui adorait danser et avait les pinces les plus rapides de l'océan; et Bubbles le Poisson-globe, qui était toujours plein de rires et pouvait se gonfler jusqu'à doubler de taille lorsqu'il était surpris.

"Aujourd'hui," annonça Wendy avec une étincelle dans les yeux, "nous allons trouver la ville perdue de Coralopolis !"

Les amis s'exclamèrent d'excitation. Coralopolis était une ville légendaire, censée être entièrement faite du plus beau corail, et remplie de trésors et de secrets.

Ils partirent, Wendy ouvrant la voie avec sa puissante queue la propulsant à travers l'eau. Alors qu'ils nageaient plus profondément dans l'océan, ils rencontrèrent toutes sortes de merveilles. Ils jouèrent à cache-cache dans une forêt de kelp géant, dansèrent avec un banc de poissons scintillants, et aidèrent même une famille de tortues de mer à retrouver leur chemin vers leur lieu de nidification.

Après des heures de nage et de jeux, ils atteignirent les abords de Coralopolis. La ville était encore plus magnifique qu'ils ne l'avaient imaginé. Les bâtiments en corail brillaient de teintes vibrantes de rose, d'orange et de violet, et les anémones de mer se balançaient doucement dans les courants comme des jardins sous-marins.

En explorant la ville, ils tombèrent sur un grand palais entièrement fait de corail bleu étincelant. Au centre du palais, ils trouvèrent une salle du trône avec un immense trône en coquillage. Assis sur le trône, il y avait un vieux poulpe sage nommé Professeur Inky.

"Bienvenue, voyageurs," dit le Professeur Inky avec un sourire chaleureux. "Vous avez trouvé la ville perdue de Coralopolis. Qu'est-ce qui vous amène ici ?"

"Nous sommes en aventure !" s'exclama Wendy. "Nous voulions découvrir les trésors et les secrets de Coralopolis."

Le Professeur Inky rit. "Les plus grands trésors de Coralopolis ne sont pas l'or ou les bijoux, mais la connaissance et la sagesse de l'océan. Laissez-moi vous montrer."

Il les conduisit à la grande bibliothèque de Coralopolis, une vaste caverne sous-marine remplie de parchemins anciens et de livres faits d'algues et de coquillages. Là, ils apprirent l'histoire de l'océan, les différentes créatures qui y vivaient, et l'importance de prendre soin de leur maison sous-marine.

Wendy et ses amis étaient fascinés. Ils passèrent des heures à lire et à apprendre, et le Professeur Inky partagea des histoires de ses propres aventures.

Alors que le soleil commençait à se coucher, projetant une lueur dorée sur l'océan, Wendy et ses amis savaient qu'il était temps de rentrer chez eux. Ils remercièrent le Professeur Inky pour sa gentillesse et sa sagesse.

"Souvenez-vous," dit le Professeur Inky alors qu'ils s'éloignaient à la nage, "le plus grand trésor est la connaissance que vous emportez avec vous et les amis que vous vous faites en chemin."

Wendy et ses amis retournèrent au Royaume Océanique, le cœur plein de joie et l'esprit bouillonnant de nouvelles connaissances. Ils avaient hâte de partager leur aventure avec leurs amis et leur famille.

À partir de ce jour, Wendy la Baleine Merveilleuse et ses amis furent connus non seulement pour leur esprit aventureux, mais aussi pour leur amour de l'apprentissage et leur gentillesse envers toutes les créatures marines. Et ainsi, la légende de Wendy et de la Grande Aventure Océanique se répandit à travers les sept mers, inspirant les autres à explorer, apprendre et chérir le monde qui les entoure.

The Enchanted Forest of Fizzlewood

In a land not so far away, nestled between rolling hills and sparkling streams, lay the magical forest of Fizzlewood. Fizzlewood was no ordinary forest. It was a place where trees whispered secrets, flowers sang lullabies, and every creature, big or small, had a story to tell.

Our tale begins with a young girl named Lily, who lived in a cozy cottage on the edge of Fizzlewood with her grandmother. Lily was curious and adventurous, with bright eyes that sparkled with wonder and a heart full of kindness. She had heard many stories about the enchanted forest, but she had never ventured deep into its mystical heart.

One sunny morning, as the golden rays of the sun kissed the treetops, Lily decided it was the perfect day to explore Fizzlewood. She packed a small bag with her favorite book, a sketchpad, and some delicious cookies baked by her grandmother.

"Stay safe and remember to listen to the trees," her grandmother advised with a wink. Lily nodded eagerly and set off into the forest, her heart pounding with excitement.

As she walked deeper into Fizzlewood, Lily noticed that the forest was unlike any other. The trees had faces, kind and wise, and their branches swayed gently as if waving hello. She could hear the soft murmurs of the leaves sharing secrets with the wind.

"Hello, little one," a deep, gentle voice greeted her. Lily looked up to see an ancient oak tree smiling down at her.

"Hello!" Lily replied, a little startled but very curious. "I'm Lily. I've come to explore the forest."

"Welcome, Lily," said the oak tree. "I'm Old Oak, the guardian of Fizzlewood. The forest is full of wonders and surprises. Be kind, be brave, and you will see magic all around."

Lily thanked Old Oak and continued her journey. She marveled at the flowers that danced to their own sweet melodies and the butterflies that painted the air with their vibrant colors. She felt as though she had stepped into a storybook, where every page was more enchanting than the last.

After a while, Lily came across a small clearing where she saw a group of woodland creatures gathered around a sparkling pond. There was a fox with a bushy tail, a wise old owl, a playful squirrel, and even a tiny hedgehog. They seemed to be having a meeting.

"Hello," Lily called out. "What's happening here?"

The fox, who appeared to be the leader, stepped forward. "Greetings, young explorer. We are the Guardians of the Forest. Today, we're preparing for the Festival of Lights, a celebration of magic and friendship."

Lily's eyes widened with excitement. "That sounds wonderful! Can I help?"

"Of course," said the owl, hooting softly. "We need all the help we can get. The festival is very special, and we must make it perfect."

Lily spent the day helping her new friends. She decorated the trees with twinkling lights, arranged flowers in beautiful patterns, and helped the squirrel gather acorns for the feast. The forest buzzed with anticipation, and Lily felt a part of something truly magical.

As night fell, Fizzlewood transformed into a fairyland. The trees glowed with thousands of tiny lights, and the air was filled with the sweet scent of blooming flowers. Creatures from every corner of the forest came to join the celebration.

Old Oak stood tall and proud, his branches shimmering with light. "Welcome, friends, to the Festival of Lights," he announced. "Tonight, we celebrate the magic of our forest and the bonds of friendship that unite us all."

Lily watched in awe as the forest came alive with music and laughter. The fox played a fiddle, the owl sang a beautiful song, and the squirrel and hedgehog danced merrily. Even the trees swayed to the rhythm of the music.

Then, to Lily's amazement, a shower of glowing fireflies filled the sky, creating a breathtaking display of light. It was as if the stars had descended to join the celebration.

Overwhelmed with joy, Lily realized that Fizzlewood was more than just a magical forest. It was a place where kindness, bravery, and friendship created the most enchanting magic of all.

As the festival came to an end, Old Oak called Lily over. "Thank you, Lily, for helping us make this night special. You have a heart full of wonder and a spirit that brings light to our forest."

Lily smiled, her heart brimming with happiness. "Thank you, Old Oak. This has been the most magical day of my life."

With a final wave to her new friends, Lily made her way back home, the glow of the festival lights guiding her path. She knew that she would return to Fizzlewood, for there were many more adventures to be had and more magic to discover.

And so, the enchanted forest of Fizzlewood continued to thrive, its secrets safe in the hearts of those who believed in its magic. Lily's story spread, inspiring others to seek out the wonders of the forest and to cherish the power of kindness and friendship.

La Forêt Enchantée de Fizzlewood

Dans un pays pas très loin, niché entre des collines ondulantes et des ruisseaux scintillants, se trouvait la forêt magique de Fizzlewood. Fizzlewood n'était pas une forêt ordinaire. C'était un endroit où les arbres murmuraient des secrets, les fleurs chantaient des berceuses, et chaque créature, grande ou petite, avait une histoire à raconter.

Notre histoire commence avec une jeune fille nommée Lily, qui vivait dans un chalet confortable à la lisière de Fizzlewood avec sa grand-mère. Lily était curieuse et aventureuse, avec des yeux brillants qui scintillaient de merveille et un cœur plein de gentillesse. Elle avait entendu beaucoup d'histoires sur la forêt enchantée, mais elle n'avait jamais osé s'aventurer profondément dans son cœur mystique.

Un matin ensoleillé, alors que les rayons dorés du soleil embrassaient les cimes des arbres, Lily décida que c'était le jour parfait pour explorer Fizzlewood. Elle empaqueta un petit sac avec son livre préféré, un carnet de croquis, et quelques délicieux biscuits préparés par sa grand-mère.

"Reste prudente et n'oublie pas d'écouter les arbres," lui conseilla sa grand-mère avec un clin d'œil. Lily hocha la tête avec enthousiasme et se mit en route dans la forêt, le cœur battant d'excitation.

En marchant plus profondément dans Fizzlewood, Lily remarqua que la forêt n'était pas comme les autres. Les arbres avaient des visages, aimables et sages, et leurs branches se balançaient doucement comme pour dire bonjour. Elle pouvait entendre les murmures doux des feuilles partageant des secrets avec le vent.

"Bonjour, petite," une voix profonde et douce la salua. Lily leva les yeux pour voir un chêne ancien lui souriant.

"Bonjour!" répondit Lily, un peu surprise mais très curieuse. "Je suis Lily. Je suis venue explorer la forêt."

"Bienvenue, Lily," dit le chêne. "Je suis Vieux Chêne, le gardien de Fizzlewood. La forêt est pleine de merveilles et de surprises. Sois gentille, sois courageuse, et tu verras la magie tout autour."

Lily remercia Vieux Chêne et poursuivit son chemin. Elle s'émerveilla des fleurs qui dansaient sur leurs propres mélodies douces et des papillons qui peignaient l'air de leurs couleurs vibrantes. Elle avait l'impression d'avoir pénétré dans un livre d'histoires, où chaque page était plus enchanteresse que la précédente.

Au bout d'un moment, Lily arriva dans une petite clairière où elle vit un groupe de créatures des bois rassemblées autour d'un étang étincelant. Il y avait un renard à la queue touffue, un vieux hibou sage, un écureuil espiègle, et même un minuscule hérisson. Ils semblaient tenir une réunion.

"Bonjour," appela Lily. "Que se passe-t-il ici?"

Le renard, qui semblait être le chef, s'avança. "Salutations, jeune exploratrice. Nous sommes les Gardiens de la Forêt. Aujourd'hui, nous préparons le Festival des Lumières, une célébration de la magie et de l'amitié."

Les yeux de Lily s'écarquillèrent de joie. "Cela semble merveilleux! Puis-je aider?"

"Bien sûr," dit le hibou en hululant doucement. "Nous avons besoin de toute l'aide possible. Le festival est très spécial, et nous devons le rendre parfait."

Lily passa la journée à aider ses nouveaux amis. Elle décora les arbres de lumières scintillantes, arrangea des fleurs en motifs magnifiques, et aida l'écureuil à ramasser des glands pour le festin. La forêt bourdonnait d'anticipation, et Lily se sentait faire partie de quelque chose de vraiment magique.

À la tombée de la nuit, Fizzlewood se transforma en un pays des merveilles. Les arbres brillaient de milliers de petites lumières, et l'air était empli de la douce odeur des fleurs en pleine floraison. Les créatures de tous les coins de la forêt vinrent se joindre à la célébration.

Vieux Chêne se tenait droit et fier, ses branches scintillant de lumière. "Bienvenue, amis, au Festival des Lumières," annonça-t-il. "Ce soir, nous célébrons la magie de notre forêt et les liens d'amitié qui nous unissent tous."

Lily regarda avec émerveillement la forêt prendre vie avec de la musique et des rires. Le renard jouait du violon, le hibou chantait une belle chanson, et l'écureuil et le hérisson dansaient joyeusement. Même les arbres se balançaient au rythme de la musique.

Puis, à la grande surprise de Lily, une pluie de lucioles lumineuses remplit le ciel, créant un spectacle de lumière époustouflant. C'était comme si les étoiles étaient descendues pour se joindre à la fête.

Submergée de joie, Lily réalisa que Fizzlewood était plus qu'une forêt magique. C'était un endroit où la gentillesse, le courage et l'amitié créaient la plus enchanteresse des magies.

À la fin du festival, Vieux Chêne appela Lily. "Merci, Lily, de nous avoir aidés à rendre cette nuit spéciale. Tu as un cœur plein de merveille et un esprit qui illumine notre forêt."

Lily sourit, le cœur débordant de bonheur. "Merci, Vieux Chêne. Cela a été le jour le plus magique de ma vie."

Avec un dernier signe de la main à ses nouveaux amis, Lily rentra chez elle, la lueur des lumières du festival guidant son chemin. Elle savait qu'elle reviendrait à Fizzlewood, car il y avait encore beaucoup d'aventures à vivre et de magie à découvrir.

Ainsi, la forêt enchantée de Fizzlewood continua de prospérer, ses secrets bien gardés dans les cœurs de ceux qui croyaient en sa magie. L'histoire de Lily se répandit, inspirant d'autres à chercher les merveilles de la forêt et à chérir le pouvoir de la gentillesse et de l'amitié.

Marvin the Mighty Mouse and the Cheese Heist

In the bustling city of Mouseland, there lived a small but mighty mouse named Marvin. Marvin wasn't like the other mice. While they scurried around, searching for crumbs, Marvin dreamed of grand adventures and heroic deeds. With his tiny cape and trusty notebook, Marvin set out each day, ready to conquer the world one cheese crumb at a time.

One sunny morning, as the bells of the Big Cheese Tower chimed, Marvin was woken by the sound of excited chatter outside his cozy hole in the wall. The air was buzzing with the news of the century – the Great Cheese Festival was coming to Mouseland! This was the most important event in the mouse calendar, a time when the city was filled with the finest cheeses from all over the world.

Marvin's eyes sparkled with excitement. This was his chance to prove himself as a true hero. He quickly donned his cape, grabbed his notebook, and scampered out to join the throng of mice heading to the town square.

The square was a flurry of activity, with stalls being set up, banners flying high, and the delicious aroma of cheese wafting through the air. But as Marvin approached, he noticed something unusual. A group of shady-looking rats were lurking in the shadows, whispering among themselves.

Marvin's whiskers twitched with curiosity. He inched closer, hiding behind a stack of cheese wheels, and listened in on their conversation.

"Tonight's the night," one of the rats hissed. "When everyone's asleep, we'll strike. The Big Cheese will be ours!"

Marvin's heart raced. The Big Cheese was the most precious cheese in all of Mouseland, a giant wheel of golden Gouda that symbolized the spirit of the city. He couldn't let these rats steal it. He had to stop them.

Determined to thwart their plan, Marvin decided to gather his friends. He rushed to find Bella, the brilliant but slightly eccentric inventor mouse, and Max, the strongest mouse in Mouseland who loved lifting heavy cheese blocks for fun.

"Bella, Max," Marvin panted, catching his breath. "The rats are planning to steal the Big Cheese tonight. We have to stop them!"

Bella adjusted her tiny glasses and smiled. "Leave it to me. I'll create some gadgets to help us catch those sneaky rats."

Max flexed his tiny muscles. "And I'll be ready to give them a taste of their own medicine if they try anything funny."

Together, the three friends devised a plan. Bella worked tirelessly in her workshop, creating clever traps and gadgets. Max practiced his moves, ready to defend the Big Cheese. And Marvin, with his keen observation skills, kept a watchful eye on the rats' hideout.

As night fell and the festival lights dimmed, the trio took their positions in the town square. Bella set up her traps, Max hid behind the Big Cheese, and Marvin perched on a nearby lamppost, ready to signal his friends.

Midnight struck, and the rats crept out of the shadows, sneaking towards the Big Cheese. Just as they reached it, Marvin squeaked loudly, signaling Bella to activate her traps. Nets fell from the sky, capturing some of the rats, while others slipped on the slippery cheese oil Bella had spread on the ground.

Max sprang into action, his muscles rippling as he charged at the remaining rats. They tried to fight back, but Max was too strong. One by one, they were defeated and tied up, ready to be handed over to the Mouseland authorities.

The next morning, the news spread like wildfire. Marvin, Bella, and Max were hailed as heroes. The mayor of Mouseland presented them with medals made of the finest cheddar, and the entire city celebrated their bravery.

Marvin stood proudly, his tiny chest puffed out. He had finally proven that even the smallest mouse could achieve great things with courage and the help of good friends.

And so, the Great Cheese Festival continued without a hitch, with Marvin, Bella, and Max enjoying the festivities and the delicious cheeses. Marvin's dream had come true, and he knew that this was just the beginning of many more adventures to come.

From that day on, Marvin the Mighty Mouse was known as the hero of Mouseland, inspiring mice of all sizes to believe in themselves and to always stand up for what was right. The city of Mouseland thrived, its spirit of courage and friendship stronger than ever, all thanks to one small but mighty mouse.

Marvin la Souris Courageuse et le Vol de Fromage

Dans la ville animée de Sourisia, vivait une petite mais courageuse souris nommée Marvin. Marvin n'était pas comme les autres souris. Tandis qu'elles se faufilaient à la recherche de miettes, Marvin rêvait de grandes aventures et d'exploits héroïques. Avec sa petite cape et son carnet de notes fidèle, Marvin partait chaque jour, prêt à conquérir le monde miette de fromage après miette de fromage.

Un matin ensoleillé, alors que les cloches de la Grande Tour de Fromage sonnaient, Marvin fut réveillé par des bavardages excités à l'extérieur de son trou confortable dans le mur. L'air était empli de la nouvelle du siècle – le Grand Festival du Fromage allait arriver à Sourisia ! C'était l'événement le plus important du calendrier des souris, un moment où la ville se remplissait des meilleurs fromages du monde entier.

Les yeux de Marvin scintillaient d'excitation. C'était sa chance de prouver qu'il était un véritable héros. Il enfila rapidement sa cape, prit son carnet de notes, et se précipita pour rejoindre la foule de souris se dirigeant vers la place de la ville.

La place était en pleine effervescence, avec des stands qui se montaient, des bannières flottant haut, et le délicieux arôme du fromage flottant dans l'air. Mais en approchant, Marvin remarqua quelque chose d'inhabituel. Un groupe de rats à l'air louche rôdaient dans l'ombre, chuchotant entre eux.

Les moustaches de Marvin frémirent de curiosité. Il se glissa plus près, se cachant derrière une pile de meules de fromage, et écouta leur conversation.

"Ce soir est le soir," siffla l'un des rats. "Quand tout le monde sera endormi, nous frapperons. Le Grand Fromage sera à nous !"

Le cœur de Marvin battait la chamade. Le Grand Fromage était le fromage le plus précieux de toute Sourisia, une énorme roue de Gouda doré qui symbolisait l'esprit de la ville. Il ne pouvait pas laisser ces rats le voler. Il devait les arrêter.

Déterminé à contrecarrer leur plan, Marvin décida de rassembler ses amis. Il se précipita pour trouver Bella, la brillante mais légèrement excentrique souris inventrice, et Max, la souris la plus forte de Sourisia qui adorait soulever de lourds blocs de fromage pour le plaisir.

"Bella, Max," haleta Marvin, reprenant son souffle. "Les rats prévoient de voler le Grand Fromage ce soir. Nous devons les arrêter !"

Bella ajusta ses petites lunettes et sourit. "Laisse-moi faire. Je vais créer quelques gadgets pour nous aider à attraper ces rats sournois."

Max fit jouer ses petits muscles. "Et je serai prêt à leur donner une leçon s'ils essaient quoi que ce soit."

Ensemble, les trois amis élaborèrent un plan. Bella travailla sans relâche dans son atelier, créant des pièges et des gadgets astucieux. Max s'entraîna, prêt à défendre le Grand Fromage. Et

Marvin, avec ses compétences d'observation aiguisées, surveilla attentivement la cachette des rats.

À la tombée de la nuit et les lumières du festival s'éteignant, le trio prit ses positions sur la place de la ville. Bella installa ses pièges, Max se cacha derrière le Grand Fromage, et Marvin se percha sur un lampadaire voisin, prêt à signaler à ses amis.

Minuit sonna, et les rats se faufilèrent hors des ombres, s'approchant du Grand Fromage. Juste au moment où ils l'atteignaient, Marvin poussa un cri aigu, signalant à Bella d'activer ses pièges. Des filets tombèrent du ciel, capturant certains des rats, tandis que d'autres glissèrent sur l'huile de fromage que Bella avait répandue sur le sol.

Max entra en action, ses muscles ondulant alors qu'il chargeait les rats restants. Ils essayèrent de riposter, mais Max était trop fort. Un par un, ils furent vaincus et attachés, prêts à être remis aux autorités de Sourisia.

Le lendemain matin, la nouvelle se répandit comme une traînée de poudre. Marvin, Bella et Max furent acclamés comme des héros. Le maire de Sourisia leur remit des médailles faites du meilleur cheddar, et toute la ville célébra leur bravoure.

Marvin se tenait fièrement, sa petite poitrine gonflée. Il avait finalement prouvé que même la plus petite des souris pouvait accomplir de grandes choses avec courage et l'aide de bons amis.

Ainsi, le Grand Festival du Fromage se poursuivit sans accroc, avec Marvin, Bella et Max profitant des festivités et des délicieux fromages. Le rêve de Marvin s'était réalisé, et il savait que ce n'était que le début de nombreuses autres aventures à venir.

À partir de ce jour, Marvin la Souris Courageuse fut connu comme le héros de Sourisia, inspirant les souris de toutes tailles à croire en elles et à toujours se dresser pour ce qui est juste. La ville de Sourisia prospéra, son esprit de courage et d'amitié plus fort que jamais, grâce à une petite mais courageuse souris.

Benny the Brave Baker and the Great Pastry Panic

In the charming little town of Sweetville, nestled between rolling hills and sparkling streams, lived a baker named Benny. Benny wasn't just any baker; he was the bravest baker you could ever meet. With his tall white hat, flour-dusted apron, and a twinkle in his eye, Benny created the most magical pastries and cakes that anyone had ever tasted.

Benny owned a cozy bakery called "Benny's Bakes," where the aroma of freshly baked bread and sweet treats filled the air, making everyone's mouth water. The townsfolk adored Benny, not only for his delicious pastries but also for his kind heart and adventurous spirit.

One sunny morning, as Benny was preparing his famous raspberry tarts, a sudden commotion erupted outside his bakery. Benny peeked out the window and saw a crowd gathered around the town square, chattering excitedly. Curious, he wiped his hands on his apron and stepped outside to see what was happening.

The mayor of Sweetville, a jolly man with a round belly and a big smile, was standing on a wooden podium. "Ladies and gentlemen," he announced, "I have wonderful news! The Grand Baking Contest is coming to Sweetville next week!"

The crowd erupted in cheers. The Grand Baking Contest was the most prestigious baking competition in the land, and it was an honor for Sweetville to host it. Bakers from far and wide would come to showcase their skills, and the winner would receive the Golden Whisk, a symbol of baking excellence.

Benny's heart skipped a beat. This was his chance to prove himself as the best baker in the land. But as the excitement grew, Benny noticed something unusual. At the edge of the crowd stood a tall, thin man in a dark cloak, glaring at Benny with piercing eyes.

Benny shivered. There was something sinister about the man, but he quickly shrugged it off and returned to his bakery, determined to prepare for the contest.

As the days passed, Benny worked tirelessly, perfecting his recipes and experimenting with new ones. He made fluffy croissants, rich chocolate éclairs, and his signature raspberry tarts. The bakery was a whirlwind of activity, with Benny's loyal customers cheering him on.

But the mysterious man in the dark cloak kept appearing, lurking in the shadows and watching Benny's every move. Benny's friends, Timmy the delivery boy and Mrs. Wiggins, the elderly lady from the flower shop, noticed the stranger too.

"Benny, be careful," Timmy warned one evening as he delivered a sack of flour. "That man gives me the creeps."

"Don't worry, Timmy," Benny replied with a reassuring smile. "I'll be fine. I have my friends and my passion for baking. Nothing can stop me."

The night before the contest, Benny decided to make a batch of his most special creation: the Dreamy Cream Puff Tower. It was a delicate masterpiece of cream puffs, caramel, and spun sugar, and Benny was sure it would win the Golden Whisk.

Just as Benny was putting the finishing touches on his creation, the bakery door creaked open. The mysterious man in the dark cloak stepped inside, his eyes gleaming with mischief.

"Hello, Benny," the man said in a silky voice. "I'm Victor Von Sour, the greatest baker in the world. I've come to warn you – you'll never win the Golden Whisk. I will make sure of it."

Benny stood his ground, his heart pounding. "We'll see about that, Victor. May the best baker win."

Victor smirked and vanished into the night, leaving Benny with an uneasy feeling. But Benny knew he couldn't let Victor's threats scare him. He finished his Dreamy Cream Puff Tower and carefully placed it in the display case, ready for the contest.

The day of the Grand Baking Contest arrived, and Sweetville was buzzing with excitement. The town square was transformed into a baking wonderland, with colorful tents and tables laden with delicious treats. Bakers from all over had come to compete, each hoping to win the Golden Whisk.

Benny's heart swelled with pride as he set up his display. His Dreamy Cream Puff Tower sparkled in the sunlight, drawing gasps of admiration from the crowd. But as the judges made their rounds, Benny noticed Victor Von Sour nearby, a sinister smile on his face.

When it was Benny's turn to present his creation, disaster struck. As he carefully lifted the Dreamy Cream Puff Tower, the bottom layer crumbled, and the entire masterpiece collapsed in a heap of cream and caramel. The crowd gasped in shock, and Benny felt his heart sink.

Victor cackled with delight. "I told you, Benny. You'll never win the Golden Whisk."

But just as Benny was about to lose hope, Timmy and Mrs. Wiggins rushed to his side. "Don't give up, Benny," Timmy said, his eyes shining with determination. "You can still do it."

Mrs. Wiggins handed Benny a bouquet of fresh flowers. "Use these, Benny. Remember, the secret ingredient is love."

Inspired by his friends' support, Benny took a deep breath and sprang into action. He gathered the remaining cream puffs, caramel, and flowers, and quickly assembled a new creation: the Enchanted Flower Puff Tower. It was a beautiful, whimsical tower of cream puffs decorated with colorful flowers and spun sugar.

The judges were amazed. They had never seen anything so creative and enchanting. With a beaming smile, they awarded Benny the Golden Whisk, declaring him the winner of the Grand Baking Contest.

The crowd erupted in cheers, and Benny felt a wave of joy and relief. He had done it. He had proven that with courage, creativity, and the support of friends, anything was possible.

As the sun set over Sweetville, Benny stood on the podium, holding the Golden Whisk high. Victor Von Sour slunk away, defeated and humiliated. Benny's friends gathered around, cheering and celebrating their brave baker's victory.

From that day on, Benny's Bakes became even more popular, and people from far and wide came to taste his magical creations. Benny knew that he couldn't have done it without his friends and their unwavering support. He continued to bake with love and passion, creating delicious treats that brought joy to everyone in Sweetville.

And so, Benny the Brave Baker and the Great Pastry Panic became a beloved story, inspiring children and adults alike to follow their dreams, face their fears, and always believe in the magic of friendship.

Benny le Boulanger Courageux et la Grande Panique Pâtissière

Dans la charmante petite ville de Douceville, nichée entre des collines ondulantes et des ruisseaux scintillants, vivait un boulanger nommé Benny. Benny n'était pas un boulanger comme les autres ; il était le boulanger le plus courageux que vous puissiez rencontrer. Avec son grand chapeau blanc, son tablier couvert de farine, et une étincelle dans les yeux, Benny créait les pâtisseries et gâteaux les plus magiques que quiconque ait jamais goûtés.

Benny possédait une boulangerie confortable appelée "Les Pâtisseries de Benny", où l'arôme du pain frais et des friandises sucrées remplissait l'air, faisant saliver tout le monde. Les habitants de Douceville adoraient Benny, non seulement pour ses délicieuses pâtisseries, mais aussi pour son grand cœur et son esprit aventureux.

Un matin ensoleillé, alors que Benny préparait ses fameuses tartes aux framboises, un tumulte soudain éclata à l'extérieur de sa boulangerie. Benny jeta un coup d'œil par la fenêtre et vit une foule rassemblée autour de la place de la ville, discutant avec excitation. Curieux, il essuya ses mains sur son tablier et sortit voir ce qui se passait.

Le maire de Douceville, un homme jovial au ventre rond et au grand sourire, se tenait sur un podium en bois. "Mesdames et messieurs," annonça-t-il, "j'ai une nouvelle merveilleuse ! Le

Grand Concours de Pâtisserie arrive à Douceville la semaine prochaine !"

La foule éclata en acclamations. Le Grand Concours de Pâtisserie était la compétition de pâtisserie la plus prestigieuse du pays, et c'était un honneur pour Douceville de l'accueillir. Des boulangers de tous horizons viendraient pour montrer leurs compétences, et le gagnant recevrait le Fouet d'Or, un symbole d'excellence en pâtisserie.

Le cœur de Benny fit un bond. C'était sa chance de prouver qu'il était le meilleur boulanger du pays. Mais alors que l'excitation grandissait, Benny remarqua quelque chose d'inhabituel. Au bord de la foule se tenait un homme grand et mince dans une cape sombre, le fixant avec des yeux perçants.

Benny frissonna. Il y avait quelque chose de sinistre chez cet homme, mais il haussa rapidement les épaules et retourna à sa boulangerie, déterminé à se préparer pour le concours.

Au fil des jours, Benny travailla sans relâche, perfectionnant ses recettes et en expérimentant de nouvelles. Il fit des croissants moelleux, des éclairs au chocolat riches, et ses fameuses tartes aux framboises. La boulangerie était en effervescence, avec les clients fidèles de Benny l'encourageant.

Mais l'homme mystérieux en cape sombre continuait d'apparaître, rôdant dans l'ombre et observant chaque mouvement de Benny. Les amis de Benny, Timmy le livreur et Mme Wiggins, la vieille dame de la boutique de fleurs, remarquèrent également l'étranger.

"Benny, fais attention," avertit Timmy un soir en livrant un sac de farine. "Cet homme me donne la chair de poule."

"Ne t'inquiète pas, Timmy," répondit Benny avec un sourire rassurant. "Tout ira bien. J'ai mes amis et ma passion pour la pâtisserie. Rien ne peut m'arrêter."

La veille du concours, Benny décida de préparer un lot de sa création la plus spéciale : la Tour de Choux à la Crème Enchantée. C'était un chef-d'œuvre délicat de choux à la crème, de caramel et de sucre filé, et Benny était sûr qu'il gagnerait le Fouet d'Or.

Alors que Benny mettait la touche finale à sa création, la porte de la boulangerie grinça. L'homme mystérieux en cape sombre entra, les yeux brillants de malice.

"Bonjour, Benny," dit l'homme d'une voix soyeuse. "Je suis Victor Von Amer, le plus grand boulanger du monde. Je suis venu te prévenir – tu ne gagneras jamais le Fouet d'Or. Je vais m'en assurer."

Benny resta ferme, le cœur battant. "Nous verrons bien, Victor. Que le meilleur boulanger gagne."

Victor sourit avec mépris et disparut dans la nuit, laissant Benny avec un sentiment de malaise. Mais Benny savait qu'il ne pouvait pas laisser les menaces de Victor l'effrayer. Il termina sa Tour de Choux à la Crème Enchantée et la plaça soigneusement dans la vitrine, prête pour le concours.

Le jour du Grand Concours de Pâtisserie arriva, et Douceville était en effervescence. La place de la ville avait été transformée en un paradis de la pâtisserie, avec des tentes colorées et des tables couvertes de délicieuses friandises. Des boulangers de partout étaient venus pour concourir, chacun espérant gagner le Fouet d'Or.

Le cœur de Benny se gonfla de fierté alors qu'il installait son étal. Sa Tour de Choux à la Crème Enchantée scintillait sous le soleil, suscitant des exclamations d'admiration de la foule. Mais alors que les juges faisaient le tour des stands, Benny remarqua Victor Von Amer à proximité, un sourire sinistre sur le visage.

Quand ce fut au tour de Benny de présenter sa création, le désastre frappa. Alors qu'il soulevait soigneusement la Tour de Choux à la Crème Enchantée, la couche inférieure s'effondra, et tout le chef-d'œuvre s'écroula en un tas de crème et de caramel. La foule poussa un cri de surprise, et Benny sentit son cœur se serrer.

Victor éclata de rire. "Je te l'avais dit, Benny. Tu ne gagneras jamais le Fouet d'Or."

Mais juste au moment où Benny était sur le point de perdre espoir, Timmy et Mme Wiggins se précipitèrent à ses côtés. "N'abandonne pas, Benny," dit Timmy, les yeux brillants de détermination. "Tu peux encore le faire."

Mme Wiggins tendit à Benny un bouquet de fleurs fraîches. "Utilise ces fleurs, Benny. Souviens-toi, l'ingrédient secret, c'est l'amour."

Inspiré par le soutien de ses amis, Benny prit une profonde inspiration et se mit rapidement à l'ouvrage. Il rassembla les choux restants, le caramel, et les fleurs, et assembla rapidement une nouvelle création : la Tour de Choux Fleurie Enchantée. C'était une tour belle et féerique de choux à la crème décorée de fleurs colorées et de sucre filé.

Les juges furent émerveillés. Ils n'avaient jamais vu quelque chose d'aussi créatif et enchanteur. Avec un sourire radieux, ils décernèrent à Benny le Fouet d'Or, le déclarant vainqueur du Grand Concours de Pâtisserie.

La foule éclata en acclamations, et Benny ressentit une vague de joie et de soulagement. Il avait réussi. Il avait prouvé qu'avec du courage, de la créativité, et le soutien de ses amis, tout était possible.

Alors que le soleil se couchait sur Douceville, Benny se tenait sur le podium, tenant haut le Fouet d'Or. Victor Von Amer s'éclipsa, vaincu et humilié. Les amis de Benny se rassemblèrent autour de lui, acclamant et célébrant la victoire de leur boulanger courageux.

À partir de ce jour, Les Pâtisseries de Benny devinrent encore plus populaires, et des gens de partout vinrent goûter ses créations magiques. Benny savait qu'il n'aurait pas pu réussir sans ses amis et leur soutien indéfectible. Il continua de pâtisser avec amour et passion, créant des friandises délicieuses qui apportaient de la joie à tous les habitants de Douceville.

Ainsi, Benny le Boulanger Courageux et la Grande Panique Pâtissière devint une histoire bien-aimée, inspirant les enfants et les adultes à suivre leurs rêves, affronter leurs peurs, et toujours croire en la magie de l'amitié.

Koby the Koala and the Great Eucalyptus Escapade

In the heart of Australia, in a place called Koala Creek, there lived a young koala named Koby. Koby was no ordinary koala; he had a spirit for adventure and a heart full of curiosity. With his soft grey fur, round ears, and shiny black nose, Koby was beloved by all the animals in Koala Creek. But what set him apart was his bright red backpack, always packed and ready for his next adventure.

One sunny morning, as the golden rays of the sun filtered through the eucalyptus leaves, Koby was woken by a chorus of birds singing a cheerful melody. He stretched his little paws and peeked out of his cozy tree hollow, wondering what the day would bring.

"Koby! Koby!" called out his best friend, Lizzy the Lizard, from the base of the tree. "You've got to come and see this!"

Koby quickly scrambled down the tree, his backpack bouncing on his back. "What's going on, Lizzy?"

"There's a big meeting in the center of Koala Creek," Lizzy explained, her eyes wide with excitement. "All the animals are gathering. Something important is happening!"

Intrigued, Koby followed Lizzy to the meeting place, a large clearing surrounded by tall eucalyptus trees. As they arrived,

Koby saw a crowd of animals, all chattering and looking concerned. At the center stood the wise old koala, Grandpa Greyfur, perched on a high branch.

"Attention, everyone!" Grandpa Greyfur called out, his voice calm yet commanding. "We have a serious problem. The Great Eucalyptus Tree, our most important tree, is in danger. A group of pesky termites has decided to make it their new home, and they're chewing through the tree at an alarming rate."

Gasps of horror echoed through the crowd. The Great Eucalyptus Tree was the tallest and oldest tree in Koala Creek. It provided the best leaves, and its shade was a sanctuary for many animals.

"We must save the tree," Grandpa Greyfur continued. "But it won't be easy. The termites are deep inside, and we need a brave volunteer to climb to the top and find a way to get rid of them."

Silence fell over the animals. The task was dangerous, and everyone knew it. But Koby's heart swelled with determination. This was his chance to be a hero.

"I'll do it," Koby declared, stepping forward. "I'll save the Great Eucalyptus Tree."

The animals cheered, and Grandpa Greyfur nodded approvingly. "Thank you, Koby. We all believe in you."

With his backpack securely fastened, Koby began his climb up the Great Eucalyptus Tree. The higher he climbed, the more he felt the cool breeze and smelled the fresh leaves. As he reached the top, he saw the damage the termites had caused – holes and tunnels all through the bark.

Koby thought for a moment, then remembered a story Grandpa Greyfur had told him about a special plant that could repel termites. It was called the Wonder Leaf, and it grew in a hidden grove deep in the forest.

Determined, Koby carefully climbed down the tree and set off towards the hidden grove. Along the way, he encountered various challenges – a wide river to cross, a steep hill to climb, and a dark cave to navigate. But with each obstacle, Koby's determination grew stronger.

Finally, after a long journey, Koby found the hidden grove. There, amidst a cluster of vibrant flowers, he spotted the Wonder Leaf. It was glowing faintly, with an enchanting aroma. Koby gently picked a few leaves and tucked them into his backpack, then hurried back to Koala Creek.

By the time Koby returned, the sun was setting, casting a warm glow over the forest. The animals were anxiously waiting, and they erupted in cheers as they saw Koby approach.

"I've got the Wonder Leaves!" Koby announced triumphantly.

Grandpa Greyfur smiled proudly. "Well done, Koby. Now, let's save our tree."

With Grandpa Greyfur's guidance, Koby climbed back up the Great Eucalyptus Tree and carefully placed the Wonder Leaves around the termite-infested areas. As the leaves released their magical aroma, the termites began to flee, leaving the tree safe and sound.

The animals cheered and danced with joy. The Great Eucalyptus Tree was saved, and it was all thanks to Koby's bravery and determination.

From that day on, Koby was celebrated as a hero in Koala Creek. He continued to go on adventures, always with his trusty red backpack, and his friends by his side. And every time he looked at the Great Eucalyptus Tree, he remembered the power of courage, friendship, and a little bit of magic.

Koby le Koala et la Grande Évasion d'Eucalyptus

Au cœur de l'Australie, dans un endroit appelé Ruisseau Koala, vivait un jeune koala nommé Koby. Koby n'était pas un koala ordinaire ; il avait un esprit aventureux et un cœur plein de curiosité. Avec sa douce fourrure grise, ses oreilles rondes et son nez noir brillant, Koby était aimé de tous les animaux de Ruisseau Koala. Mais ce qui le distinguait, c'était son sac à dos rouge vif, toujours prêt pour sa prochaine aventure.

Un matin ensoleillé, alors que les rayons dorés du soleil filtraient à travers les feuilles d'eucalyptus, Koby fut réveillé par un chœur d'oiseaux chantant une mélodie joyeuse. Il étira ses petites pattes et regarda hors de son trou d'arbre confortable, se demandant ce que la journée lui réservait.

"Koby ! Koby !" appela son meilleur ami, Lizzy le lézard, depuis la base de l'arbre. "Tu dois venir voir ça !"

Koby descendit rapidement de l'arbre, son sac à dos rebondissant sur son dos. "Qu'est-ce qui se passe, Lizzy ?"

"Il y a une grande réunion au centre de Ruisseau Koala," expliqua Lizzy, les yeux écarquillés d'excitation. "Tous les animaux se rassemblent. Quelque chose d'important se passe !"

Intrigué, Koby suivit Lizzy jusqu'au lieu de la réunion, une grande clairière entourée de hauts eucalyptus. En arrivant, Koby vit une foule d'animaux, tous bavardant et ayant l'air préoccupés. Au centre, se tenait le vieux koala sage, Grand-père Grispoil, perché sur une haute branche.

"Attention, tout le monde !" appela Grand-père Grispoil, sa voix calme mais autoritaire. "Nous avons un sérieux problème. Le Grand Arbre d'Eucalyptus, notre arbre le plus important, est en danger. Un groupe de termites embêtants a décidé d'en faire leur nouvelle maison, et ils rongent l'arbre à un rythme alarmant."

Des cris d'horreur résonnèrent dans la foule. Le Grand Arbre d'Eucalyptus était le plus grand et le plus vieux arbre de Ruisseau Koala. Il fournissait les meilleures feuilles, et son ombre était un sanctuaire pour de nombreux animaux.

"Nous devons sauver l'arbre," continua Grand-père Grispoil. "Mais ce ne sera pas facile. Les termites sont profondément à l'intérieur, et nous avons besoin d'un volontaire courageux pour grimper jusqu'au sommet et trouver un moyen de les chasser."

Un silence tomba sur les animaux. La tâche était dangereuse, et tout le monde le savait. Mais le cœur de Koby se gonfla de détermination. C'était sa chance d'être un héros.

"Je le ferai," déclara Koby en s'avançant. "Je sauverai le Grand Arbre d'Eucalyptus."

Les animaux acclamèrent, et Grand-père Grispoil hocha la tête avec approbation. "Merci, Koby. Nous croyons tous en toi."

Avec son sac à dos bien attaché, Koby commença son ascension du Grand Arbre d'Eucalyptus. Plus il grimpait, plus il sentait la brise fraîche et sentait les feuilles fraîches. En atteignant le sommet, il vit les dégâts causés par les termites – des trous et des tunnels partout dans l'écorce.

Koby réfléchit un moment, puis se souvint d'une histoire que Grand-père Grispoil lui avait racontée sur une plante spéciale qui pouvait repousser les termites. Elle s'appelait la Feuille Merveilleuse, et elle poussait dans un bosquet caché au fond de la forêt.

Déterminé, Koby descendit soigneusement de l'arbre et partit vers le bosquet caché. En chemin, il rencontra divers défis – une large rivière à traverser, une colline escarpée à grimper, et une grotte sombre à traverser. Mais à chaque obstacle, la détermination de Koby se renforçait.

Enfin, après un long voyage, Koby trouva le bosquet caché. Là, parmi un groupe de fleurs éclatantes, il aperçut la Feuille Merveilleuse. Elle brillait faiblement, avec un arôme envoûtant. Koby cueillit délicatement quelques feuilles et les glissa dans son sac à dos, puis se précipita vers Ruisseau Koala.

Lorsque Koby revint, le soleil se couchait, baignant la forêt d'une lueur chaleureuse. Les animaux attendaient anxieusement, et ils éclatèrent en acclamations en voyant Koby approcher.

"J'ai les Feuilles Merveilleuses !" annonça triomphalement Koby.

Grand-père Grispoil sourit fièrement. "Bien joué, Koby. Maintenant, sauvons notre arbre."

Sous la direction de Grand-père Grispoil, Koby grimpa de nouveau sur le Grand Arbre d'Eucalyptus et plaça soigneusement les Feuilles Merveilleuses autour des zones infestées par les termites. Alors que les feuilles libéraient leur arôme magique, les termites commencèrent à fuir, laissant l'arbre sain et sauf.

Les animaux acclamèrent et dansèrent de joie. Le Grand Arbre d'Eucalyptus était sauvé, et tout cela grâce au courage et à la détermination de Koby.

À partir de ce jour, Koby fut célébré comme un héros à Ruisseau Koala. Il continua à partir en aventures, toujours avec son fidèle sac à dos rouge, et ses amis à ses côtés. Et chaque fois qu'il regardait le Grand Arbre d'Eucalyptus, il se souvenait du pouvoir du courage, de l'amitié, et d'un peu de magie.

Sammy the Squirrel's Spectacular Birthday Bash

In a cozy little woodland nestled between tall oak trees and bubbling brooks, there lived a spirited squirrel named Sammy. Sammy had a fluffy tail that curled just so, and eyes that sparkled like dewdrops in the morning sun. But what Sammy loved more than anything was celebrating birthdays – not just his own, but everyone's in the forest.

One fine morning, as Sammy scampered through the forest, he noticed colorful decorations hanging from the branches and a delightful aroma wafting through the air. Curious, he followed the scent until he stumbled upon a clearing filled with squirrels, rabbits, birds, and even a shy hedgehog – all bustling about with excitement.

"Surprise, Sammy!" they all shouted in unison.

Sammy's eyes widened in amazement as he realized they had thrown him a surprise birthday party. There were balloons in every hue of the rainbow, streamers dancing in the breeze, and a table piled high with acorn cakes, nut pies, and berry tarts – all his favorites.

"Oh wow!" Sammy exclaimed, his heart swelling with joy. "This is the best surprise ever!"

His best friend, Rosie the Rabbit, hopped over and handed him a crown made of daisies. "Happy birthday, Sammy! You deserve every bit of this."

Sammy grinned from ear to ear as he put on the crown. "Thank you, Rosie. And thank you all for this wonderful party!"

The party went on with games like acorn toss, leaf races, and tree-climbing contests. Everyone laughed and cheered, enjoying the festivities under the warm summer sun. Even Grumpy Old Mr. Hedgehog couldn't resist joining in on the fun – though he pretended not to enjoy it, his grumpy face betrayed a hint of a smile.

As the day turned to dusk and the stars began to twinkle above, Sammy gathered his friends around the bonfire. It was time for the highlight of the evening – storytelling. They sat in a circle, their faces glowing in the firelight, as Sammy began to weave a tale about a brave squirrel who saved the forest from a mischievous raccoon.

Just as Sammy reached the most exciting part of the story, a faint rustling in the bushes interrupted him. The animals tensed for a moment, but then out popped a tiny field mouse, holding a violin almost as big as itself.

"Excuse me," the mouse squeaked shyly. "I couldn't help but overhear your story. Would you mind if I played some music for you?"

Sammy smiled warmly. "Of course not! We would love to hear you play."

The little mouse took a deep breath and began to play a lively tune. The music filled the clearing, enchanting everyone with its sweetness. Soon, other animals joined in, tapping their feet and swaying to the melody.

As the music faded into the night, Sammy stood up with a twinkle in his eye. "Thank you, everyone, for making this the most memorable birthday ever. And remember, no matter how big or small, every celebration is special because of the friends we share it with."

With that, the animals cheered and hugged Sammy tightly, showering him with heartfelt wishes and promises of more adventures together. As the party came to a close, they all knew that Sammy's spirit of joy and friendship would continue to brighten their days in the forest.

And so, under the watchful eyes of the moon and stars, Sammy the Squirrel's Spectacular Birthday Bash became a cherished memory for all who attended – a reminder of the magic found in simple moments and the joy of celebrating with those we love.

La Fête d'Anniversaire Spectaculaire de Sammy l'Écureuil

Dans une petite clairière confortable, nichée entre de grands chênes et des ruisseaux gazouillants, vivait un écureuil plein de vie nommé Sammy. Sammy avait une queue touffue qui s'enroulait juste comme il faut, et des yeux qui scintillaient comme des gouttes de rosée dans le soleil du matin. Mais ce que Sammy aimait plus que tout, c'était célébrer les anniversaires – pas seulement le sien, mais ceux de tout le monde dans la forêt.

Un beau matin, alors que Sammy gambadait à travers la forêt, il remarqua des décorations colorées accrochées aux branches et un délicieux arôme flottant dans l'air. Curieux, il suivit le parfum jusqu'à ce qu'il tombe sur une clairière remplie d'écureuils, de lapins, d'oiseaux, et même d'un hérisson timide – tous affairés dans l'excitation.

"Surprise, Sammy !" crièrent-ils tous en chœur.

Les yeux de Sammy s'écarquillèrent d'émerveillement lorsqu'il réalisa qu'ils lui avaient organisé une fête d'anniversaire surprise. Il y avait des ballons de toutes les couleurs de l'arc-en-ciel, des guirlandes dansant dans la brise, et une table remplie de gâteaux de glands, de tartes aux noix, et de tourtes aux baies – tous ses préférés.

"Oh wow !" s'exclama Sammy, son cœur gonflant de joie. "C'est la meilleure surprise jamais !"

Son meilleur ami, Rosie le Lapin, sauta par-dessus et lui tendit une couronne faite de marguerites. "Joyeux anniversaire, Sammy ! Tu mérites tout cela."

Sammy sourit de toutes ses dents en enfilant la couronne. "Merci, Rosie. Et merci à tous pour cette merveilleuse fête !"

La fête se poursuivit avec des jeux comme le lancer de glands, les courses de feuilles, et les concours d'escalade d'arbres. Tout le monde riait et applaudissait, profitant des festivités sous le chaud soleil d'été. Même le vieux grognon Monsieur Hérisson ne put résister à se joindre à la fête – bien qu'il fît semblant de ne pas l'apprécier, son visage grognon trahissait un soupçon de sourire.

Alors que la journée se transformait en soirée et que les étoiles commençaient à scintiller au-dessus d'eux, Sammy rassembla ses amis autour du feu de camp. Il était temps pour le moment phare de la soirée – les histoires. Ils s'assirent en cercle, leurs visages illuminés par la lueur du feu, alors que Sammy commença à tisser un récit sur un écureuil courageux qui sauva la forêt d'un raton laveur espiègle.

Juste au moment où Sammy atteignait le passage le plus excitant de l'histoire, un léger bruissement dans les buissons l'interrompit. Les animaux se tendirent un instant, mais puis une petite souris des champs surgit, tenant un violon presque aussi grand qu'elle.

"Excusez-moi," couina timidement la souris. "Je n'ai pas pu m'empêcher d'entendre votre histoire. Ça vous dérangerait si je jouais un peu de musique pour vous ?"

Sammy sourit chaleureusement. "Bien sûr que non ! Nous serions ravis de t'écouter jouer."

La petite souris prit une profonde inspiration et commença à jouer un air joyeux. La musique emplit la clairière, envoûtant tout le monde par sa douceur. Bientôt, d'autres animaux se joignirent à elle, tapant du pied et se balançant au rythme de la mélodie.

Alors que la musique s'estompait dans la nuit, Sammy se leva avec une lueur malicieuse dans les yeux. "Merci à tous d'avoir fait de ceci l'anniversaire le plus mémorable. Et souvenez-vous, peu importe la taille, chaque célébration est spéciale à cause des amis avec qui nous la partageons."

Sur ces mots, les animaux acclamèrent Sammy et le serrèrent étroitement dans leurs bras, le couvrant de vœux sincères et de promesses d'autres aventures ensemble. Alors que la fête touchait à sa fin, ils savaient tous que l'esprit de joie et d'amitié de Sammy continuerait à illuminer leurs journées dans la forêt.

Et ainsi, sous le regard attentif de la lune et des étoiles, la Fête d'Anniversaire Spectaculaire de Sammy l'Écureuil devint un souvenir chéri pour tous ceux qui y avaient assisté – un rappel de la magie présente dans les moments simples et de la joie de célébrer avec ceux que nous aimons.

www.ingramcontent.com/pod-product-compliance
Lightning Source LLC
Chambersburg PA
CBHW051356150726
48000CB00003B/1207